中国式现代化六观

学习时报编辑部 编

人 民 出 版 社

选题策划　责任编辑:刘志宏
装帧设计:汪　阳
责任校对:白　玥

图书在版编目(CIP)数据

中国式现代化六观/学习时报编辑部 编. —北京:人民出版社,
　2023.11
ISBN 978－7－01－026060－0

Ⅰ.①中…　Ⅱ.①学…　Ⅲ.①现代化建设-中国-文集
　Ⅳ.①D61－53

中国国家版本馆 CIP 数据核字(2023)第 202953 号

中国式现代化六观
ZHONGGUOSHI XIANDAIHUA LIUGUAN

学习时报编辑部　编

人民出版社 出版发行
(100706　北京市东城区隆福寺街 99 号)

北京中科印刷有限公司印刷　新华书店经销

2023 年 11 月第 1 版　2023 年 11 月北京第 1 次印刷
开本:880 毫米×1230 毫米 1/32　印张:4.25
字数:48 千字

ISBN 978－7－01－026060－0　定价:22.00 元

邮购地址 100706　北京市东城区隆福寺街 99 号
人民东方图书销售中心　电话 (010)65250042　65289539

目　录

中国式现代化的文化底蕴和精神特质／1

中国式现代化蕴含的世界观／19

中国式现代化蕴含的价值观／35

中国式现代化蕴含的历史观／51

中国式现代化蕴含的文明观／67

中国式现代化蕴含的民主观／81

中国式现代化蕴含的生态观／95

中国式现代化是新时代党的
理论创新的典范／111

后　记／131

中国式现代化的
文化底蕴和精神特质

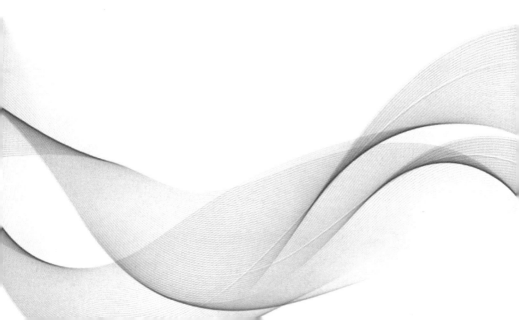

中国式现代化是我们党领导全国各族人民在长期探索和实践中历经千辛万苦、付出巨大代价取得的重大成果。它代表人类文明进步的发展方向，展现了不同于西方现代化模式的新图景，是一种全新的人类文明形态。面对这项前无古人的开创性事业，我们党何以成功推进和拓展中国式现代化？其中更为深层的底蕴是什么？习近平总书记指出，"中国式现代化，深深植根于中华优秀传统文化，体现科学社会主义的先进本质，借鉴吸收一切人类优秀文明成果"。这就是说，中国式现代化建立在深厚的文化自信的基础之上，从而获得经久不息的动力支持。其中，中华民族的古老文明构成中国式现代化的底色，是其本体性规定；以马克思主义为指导，党领导人民在革

命、建设、改革中创造的革命文化和社会主义先进文化，则是中国式现代化的本质性规定；吸收人类优秀文明成果，在全球化的过程中获得时代性与空间性规定，这共同构成了中国式现代化的文化内涵和精神气质。

回望历史，一条文化江河水阔潮涌、奔腾而来。以中华文明 5000 多年历史为依托，以近代以来中华民族谋求伟大复兴的近 200 年历史、特别是中国共产党领导中国人民探索和实践的百年奋斗历史为依托，在漫长历史中吐故纳新、革故鼎新，积淀为中国式现代化的文化底蕴，推动着中国式现代化不断前行。

中华优秀传统文化构成中国式现代化实践的文化底色，是中国式现代化的本体性规定

中华民族是伟大的民族，中华文明是世界上唯一没有中断、发展至今的文明。5000 多年来，中华民族孕育形成特有的民风民俗习惯信仰，形成中国人看待世界、看待社会、看待人生的独特价值体系。中国历史上经历了数十个朝代，纵使王朝更迭交替，也始终保持文明主体的稳定性。中华优秀传统文化已经成为中华民族的基因，植根在中国人内心，潜移默化影响着中国人的思想方式和行为方式。

5000 多年文明内在地从本体论上规定着中

国式现代化的文化底蕴和精神特质。只有植根本国、本民族历史文化沃土，中国式现代化之路才能行稳致远。中华优秀传统文化源远流长、博大精深，是中华文明的智慧结晶，其中蕴含的天下为公、民为邦本、为政以德、革故鼎新、任人唯贤、天人合一、自强不息、厚德载物、讲信修睦、亲仁善邻等，是中国人民在长期生产生活中积累的宇宙观、天下观、社会观、道德观的重要体现，同科学社会主义价值观主张具有高度契合性。中华文化强调"天人合一"，这是古代中国人最基本的哲学概念。"天人合一"是宇宙本体论、是世界观，统摄着中国人的社会观、伦理观、生态观、国家治理观，无论君臣百姓，都要遵从天命、践行天道。在古代中国，这种文化机制不仅对于统治者和权力产生一定程度的约束，而且形成一种社会制衡作用。再如，"天下大同"是古代中国人对未来美好社会的理想，在大同社会，财产公有、天下一家、有衣同穿、有饭同食、合理分工、选贤与能、安详和谐。大同世界的理念穿风越雨，直至今天仍是中国人心中不变的追求。此外，"民为邦本""仁者爱人""中庸之道""知行合一"等理念主张深入人心，沉淀并构筑了国家的制度体系，发挥了建构社会、稳定社会、校正社会的重要作用，是中华文明得以延续数千年的根本力量。

中国共产党一路走来，在百年风云中面对的社会矛盾不同，发展的社会条件不同，担负的历史任务不同，但无时无刻不提醒自己：我们从哪里来，我们走向何方。正如习近平总书记指出，如果没有中华五千年文明，哪里有什么中国特色？如果不是中国特色，哪有我们今天这么成功的中国特色社会主义道路？从"民贵君轻、政

在养民"到"以人为本、人民至上",从"天人合一""道法自然"到"绿水青山就是金山银山",从"亲仁善邻、协和万邦"到"构建人类命运共同体"……我们今天讲的中国特色,是以中华文明、中华优秀传统文化为根脉的。

马克思主义传入中国后,科学社会主义的主张受到中国人民热烈欢迎,并最终扎根中国大地、开花结果,决不是偶然的,而是同我国传承了几千年的优秀历史文化和广大人民日用而不觉的价值观念融通的。在科学社会主义的思想旗帜下,中华民族所追求的"天下为公""天下大同"等思想价值观念被赋予了新的内涵、焕发了新的生命。在民族危难之际,在中国人血液里流淌的"修齐治平""以天下为己任"等价值追求瞬间被激活,创造性转化和创新性发展为救国救民的使命担当,转化为全心全意为人民服务的根本宗旨，使中华优秀传统文化重放异彩、再铸辉煌。可以说，一方面，中华优秀传统文化为现代化在中国生根开花结果提供了肥沃的土壤；另一方面，中国式现代化激活了中华优秀传统文化的精神基因，使其现代价值得以彰显。

以马克思主义为指导，党领导人民在革命、建设、改革中创造的革命文化和社会主义先进文化，构成中国式现代化的本质性规定

1840 年以来，中华文明遭遇西方文明的挑战。中国逐步沦为半殖民地半封建社会，国家蒙辱、人民蒙难、文明蒙尘，中华民族遭受了前所未有的劫难。为了拯救民族危亡，中国人

民奋起反抗，仁人志士奔走呐喊，太平天国运动、戊戌变法、义和团运动、辛亥革命接连而起，各种救国方案轮番出台，但都以失败而告终。19世纪末20世纪初，马克思列宁主义以其强大的精神力量和美好社会蓝图吸引了中国知识分子与劳苦大众，为古老中国走向光明开启了希望之门。在中华民族的伟大觉醒中，在马克思列宁主义同中国工人运动的紧密结合中，中国共产党应运而生。从此，中国人民谋求民族独立、人民解放和实现国家富强、人民幸福的斗争就有了主心骨，中国人民开始从精神上由被动转为主动。

马克思主义能不能在实践中发挥作用，关键在于能否把马克思主义基本原理同中国实际和时代特征结合起来。推进马克思主义中国化时代化，根本途径就是坚持把马克思主义基本原理同中国具体实际相结合、同中华优秀传统文化相结合，从而不断实现马克思主义的理论创新，锻造并铸就中国式现代化与时俱进的思想武器。中国共产党为什么能，中国特色社会主义为什么好，归根到底是马克思主义行，是中国化时代化的马克思主义行。中国共产党领导中国人民在长期探索实践的历史进程中，创立了毛泽东思想，实现了马克思主义中国化的第一次历史性飞跃；形成中国特色社会主义理论体系，实现了马克思主义中国化新的飞跃；创立了习近平新时代中国特色社会主义思想，是当代中国马克思主义、二十一世纪马克思主义，是中华文化和中国精神的时代精华，实现了马克思主义中国化新的飞跃。100余年来，筚路蓝缕，风雨沧桑，我们党始终强调，中国特色社会主义，既坚持了科学社会主义基本原则，又根据时代条件赋予其鲜明的中国特

色。坚持中国特色社会主义是中国式现代化的本质要求之一，必须以道不变、志不改的坚定，坚定不移走中国特色社会主义道路。

坚持以马克思主义为指导，是运用其科学的世界观和方法论解决中国的问题，而不是背诵和重复其具体结论和词句，更不能把马克思主义当成一成不变的教条。党的创新理论植根于中华文化沃土，深刻汲取中华优秀传统文化蕴含的丰富哲学思想、人文精神、价值理念、道德规范，自觉传承党领导人民在革命、建设、改革中锻造的革命文化和社会主义先进文化，展现了我们党的科学理论和理想追求、为民情怀和革命担当、优良传统和斗争精神，把马克思主义的思想精髓与中华优秀传统文化的精神特质融会贯通起来，及时回答了中国之问、世界之问、人民之问、时代之问，引领我们认识世界、把握规律、追求真理、改造世界，树立起中华民族立足现实、面向未来的精神主心骨。中国式现代化，就是在马克思主义回答并解决中国问题的过程中，由中国人民自己创造的现代化新模式。

吸收人类文明优秀成果，在世界现代化进程中获得时代性与空间性规定

当中国人迈开走向现代化的步伐时，整个世界已经发生翻天覆地的变化。在时间上，18 世纪出现了蒸汽机等重大发明，成就了第一次工业革命，开启了人类社会现代化进程；在空间上，全球化将各个国家和地区连接起来，马克思、恩格斯在《德意志意识形态》中深刻揭示了历史向世界历史转变的趋势："各个相互影响的活动

范围在这个发展进程中越是扩大，各民族的原始封闭状态由于日益完善的生产方式、交往以及因交往而自然形成的不同民族之间的分工消灭得越是彻底，历史也就越是成为世界历史。"特别是随着全球化的发展，人类生活在同一个地球村里，越来越成为你中有我、我中有你的命运共同体。在当前国际形势下，没有哪个国家能够独自应对人类面临的各种挑战，也没有哪个国家能够退回到自我封闭的孤岛。

放眼五洲四海，整个世界正在发生深刻影响人类历史发展进程的大变革、大调整、大转折，正在经历一场百年未有之大变局，世界多极化、经济全球化、社会信息化、文化多样化深入发展。这场百年未有之大变局，一个突出的特点就是一批新兴经济体和发展中国家群体性崛起，中国日益走近世界舞台中央。这是近代以来最具革命性、历史性的重大变化，也是世界历史 500 多年来最大最重要的全球权力转移；从更宏大的视野来看，则是人类文明、文化的体系性变动、系统性转折。时空意义在文化上的沉淀，唤醒中华民族对文化的创造性转化、创新性发展。中华民族广泛地开展同各国的文化交流，更加积极主动地学习借鉴世界各国、各民族优秀文化成果，汲取了营养、焕发了活力，在与世界的会通中获得新的发展空间，激发了中华优秀传统文化新的创造力。

新时代以来，习近平总书记既重视学习借鉴中华优秀传统文化，又始终强调要"用人类创造的一切优秀思想文化成果武装自己"，倡导"我们要虚心学习借鉴人类社会创造的一切文明成果"，"应该从不同文明中寻求智慧、汲取营养，为人们提供精神支撑和心灵慰藉，携

手解决人类共同面临的各种挑战"。当前，面对世界百年未有之大变局，我们积极推动构建人类命运共同体，弘扬和平、发展、公平、正义、民主、自由的全人类共同价值。面对"文明冲突论""文明优越论"沉渣泛起，文明隔阂、文明冲突风险上升，倡导和而不同、包容互鉴的中华文明为人类文明宝库增添新的成果，为世界文明打上鲜明的中国烙印。中国式现代化极大丰富了世界文明的内涵，指明了人类文明前进的方向。

由上可见，中国式现代化进程汇聚了中华优秀传统文化以及党领导人民在革命、建设、改革中创造的革命文化和社会主义先进文化，并吸收和借鉴了世界各民族优秀文化成果，拥有独特的文化标识与精神特质，不断以新的思想内涵、时代内涵和文明内涵回应人类实践的大逻辑，从而为中国式现代化把握时代和塑造时代注入精神动力。

徐伟新　原中央党校副校长，浙江红船干部学院特聘专家

2023 年 5 月 19 日《学习时报》

中国式现代化蕴含的世界观

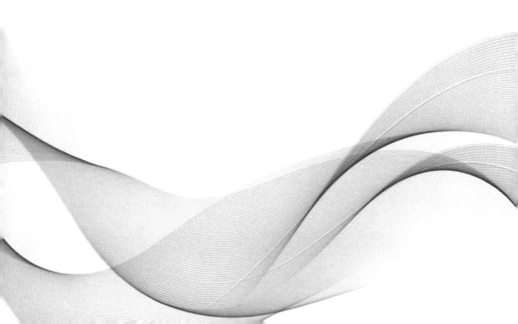

习近平总书记在学习贯彻党的二十大精神研讨班开班式上指出，中国式现代化蕴含的独特世界观、价值观、历史观、文明观、民主观、生态观等及其伟大实践，是对世界现代化理论和实践的重大创新。其中，独特世界观主要包括和合共生、开放包容、天下大同等重要涵义，把各国现代化的共同特征和中国式现代化的国情特色融通一体。

中华优秀传统文化决定独特
世界观的文化基因

文化是一个国家、一个民族的灵魂。文化自

信是更基础、更广泛、更深厚的自信，是更基本、更深沉、更持久的力量。中国式现代化深深植根于中华优秀传统文化。中华优秀传统文化中的"和为贵""崇信修睦""亲仁善邻""协和万邦""天下大同""和而不同""和合共生"等思想理念，决定了中华民族追求和平、自省克制、内敛包容、平等互尊等精神特征和文明特性，决定了中国式现代化的独特世界观的文化基因和科学内涵。

正如习近平总书记在文化传承发展座谈会上所指出："中华文明具有突出的包容性，从根本上决定了中华民族交往交流交融的历史取向，决定了中国各宗教信仰多元并存的和谐格局，决定了中华文化对世界文明兼收并蓄的开放胸怀。中华文明具有突出的和平性，从根本上决定了中国始终是世界和平的建设者、全球发展的贡献者、国际秩序的维护者，决定了中国不断追求文明交流互鉴而不搞文化霸权，决定了中国不会把自己的价值观念与政治体制强加于人，决定了中国坚持合作、不搞对抗，决不搞'党同伐异'的小圈子。"

中华文明赋予中国式现代化以深厚底蕴。中华文明突出的包容性决定了中国式现代化既遵循现代化一般规律，体现了人类实现现代化的普遍性，具有各国现代化的共同特征；更符合本国实际，体现了人类实现现代化的特殊性，具有基于自己国情的鲜明特色；把现代化一般规律与中国具体实际相结合，体现了人类实现现代化的普遍性和特殊性的辩证统一，极大拓展了人类实现现代化的历史空间、现实空间、未来空间。

中华文明突出的和平性决定了中国式现代化是走和平发展道路的现代化，坚定站在历史正确

的一边、站在人类文明进步的一边，高举和平、发展、合作、共赢旗帜，在坚定维护世界和平与发展中谋求自身发展，又以自身发展更好维护世界和平与发展，决不走一些国家通过战争、殖民、掠夺等方式实现现代化的老路。

独特世界观强调顺应世界
现代化的共通性

中国式现代化的独特世界观强调洞察时代大势、把握时代脉搏、跟上时代潮流，积极适应人类发展进步趋势，始终保持历史主动和战略主动，以海纳百川的宽阔胸襟借鉴吸收一切人类优秀文明成果，为中华民族兴盛繁荣不断注入新动力。

现代化作为近代以来形成并不断演进增强的世界大趋势，在广义上主要指工业革命以来，生产力大发展导致社会生产方式发生重大变革，进而推动世界经济加速发展，并引起社会文化相应地发生重大变化。具体说，现代化作为一个历史进程，就是以现代科学、技术革命、产业发展变革为推动力，使传统农业社会实现向现代工业社会的重大转变，使工业主义渗透到经济、政治、文化、思想等各个领域，并引起社会组织形式和社会行为方式发生深刻变革，促使国家治理体系和治理能力主动或被动地不断现代化。这个历史趋势及其进程，从欧美国家开始，伴随第一次、第二次、第三次科技革命和产业革命的推进，不断向世界越来越多的国家和地区拓展，越来越多的国家、地区、民族以不同的速度、程度、方式纳入其中，并呈现不同的效果和特点。从总体上

看，欧美国家和地区的现代化进程大致从 15、16 世纪开始，至今经历了 500 多年的演化，是一个从传统农业社会中逐步发展起来的内生型的现代化。欧美之外的国家和地区的现代化，则是在本地内在变革动力尚不足以开启现代化进程的历史条件下，受西方侵略扩张的强烈冲击，在被殖民地化和半殖民地化的过程中，为了抵抗或应对外部侵略扩张而发起的思想革命、商业革命、工业革命、社会革命。这些变革或革命在相当程度上是从外部传导进入的外源型的，通常伴随着同本地传统和外部世界双重的剧烈冲突。

当今世界正处在新一轮科技革命和产业革命的历史交汇期，为信息、生命、制造、能源、空间、海洋等方面的原创突破提供了更多创新源泉，多种重大颠覆性技术不断涌现、交叉融合、集群突破，科技成果转化速度明显加快，产业组织形式和产业链条更具垄断性，对全球创新版图的重构和全球经济结构的重塑作用将变得更加突出。这些科技创新和产业变革在全球化范围内的传播同样是一个不可阻挡的必然进程，同样将带动越来越多国家和地区在各个领域从理论到实践的深刻变化。在此过程中，世界不同国家和地区实现现代化将遵循大致相似的逻辑发展。

正是深刻认识、准确把握、积极适应世界现代化的共通性，吸收借鉴各国、各地区、各民族现代化的成功经验和教训启示，我们党在已有基础上继续前进，不断实现理论和实践上的创新突破，成功推进和拓展了中国式现代化。概括提出并深入阐述中国式现代化理论，是党的二十大的一个重大理论创新，是科学社会主义的最新重大成果，丰富和发展了习近平新时代中国特色社会主义思想，为全面推进中国式现代化提供了重要指南。

独特世界观强调中国式现代化的
特殊性和世界现代化的多样性

中国式现代化的独特世界观强调尊重文明的多样性、发展道路和制度模式的差异性。一方面，我们在学习和适应世界现代化一般规律的同时，积极探索和揭示中国式现代化道路的特殊规律，坚持独立自主、自力更生，把国家和民族发展放在自己力量的基点上，把中国发展进步的命运牢牢掌握在自己手中；强调中国的事情要按照中国的情况来办、要依靠中国人自己的力量来办，中国的问题必须从中国基本国情出发、由中国人自己来解答。实现中华民族伟大复兴是近代以来中国人民的共同梦想，中华民族一直在寻求和确立符合我国国情的现代化道路。党的十八大以来，我们在理论上创立了习近平新时代中国特色社会主义思想，实现了马克思主义中国化时代化新的飞跃，进一步深化对中国式现代化的内涵和本质的认识，概括形成中国式现代化的中国特色、本质要求和重大原则，初步构建中国式现代化的理论体系，为中国式现代化提供了根本遵循，使中国式现代化更加清晰、更加科学、更加可感可行；在战略上不断完善，深入实施科教兴国战略、人才强国战略、创新驱动发展战略等一系列重大战略，为中国式现代化提供坚实战略支撑；在实践上不断丰富，在时间压缩的条件下"并联式发展"，采取一系列战略性举措，推进一系列变革性实践，实现一系列突破性进展，取得一系列标志性成果，推动党和国家事业取得历史性成就、发生历史性变革，特别是历史性地解

决了绝对贫困问题，全面建成小康社会，为中国式现代化提供了更为完善的制度保证、更为坚实的物质基础、更为主动的精神力量。新时代新征程的理论和实践充分表明，中国式现代化走得通、行得稳，是强国建设、民族复兴的唯一正确道路。

另一方面，环顾全球大势，我们清醒地看到，世界各国、各地区、各民族在探求和推进现代化的过程中都以不同方式和在不同程度上结合自身传统文化，在探寻蕴含自身文明特点的经济社会发展模式和国家治理模式，都渴望自己选择的发展道路和社会制度得到平等的承认尊重，都在主动或被动、直接或间接地借鉴其他文明和现代化模式。我们深刻认识到，中国式现代化在理论和实践上体现科学社会主义的先进本质，借鉴吸收一切人类优秀文明成果，代表人类文明进步的发展方向，展现了不同于西方现代化模式的新图景，创造人类文明新形态；打破了"现代化＝西方化"的迷思，展现了现代化的另一幅图景，拓展了发展中国家走向现代化的路径选择，为广大发展中国家独立自主迈向现代化树立了典范、提供了全新选择，为人类对更好社会制度的探索提供了中国方案。但"我们不'输入'外国模式，也不'输出'中国模式，不会要求别国'复制'中国的做法"。中国式现代化的成功实践充分表明，广大发展中国家完全可以寻找而且能够找到符合自身国情的现代化道路和模式。中国坚定支持并尊重这样的努力，坚信这将给世界的发展和人类的进步提供更加强大的动力和更为广阔的空间。

独特世界观强调中国式现代化与
世界现代化的互济共进

　　中国式现代化的独特世界观强调"立己达人""兼济天下""和衷共济"。我们把推动构建人类命运共同体作为中国式现代化的本质要求之一，要求拓展世界眼光，积极回应各国人民普遍关切，为解决人类面临的共同问题作出贡献，推动建设更加美好的世界。

　　习近平总书记明确指出："领导干部要胸怀两个大局，一个是中华民族伟大复兴的战略全局，一个是世界百年未有之大变局，这是我们谋划工作的基本出发点。"我们统筹把握中华民族伟大复兴战略全局与世界百年未有之大变局的复杂交织联动，把对内铸牢中华民族共同体意识与对外推动构建人类命运共同体贯通起来，把我国坚持走和平发展道路、坚决维护国家核心利益与推动世界各国共同走和平发展道路统一起来，把坚持自立自强与对外开放、不断深化对内改革与不断扩大对外开放统一起来，把充分利用国内国际两个市场、两种资源、两套规则与积极参与并推动经济全球化朝着正确方向发展统一起来，把中国人民利益同各国人民共同利益统一起来，把守好中国式现代化的本和源、根和魂与镜鉴世界现代化成功经验和失败教训统一起来，为中国式现代化不断大胆探索未知领域以及世界其他国家探求、推进和完善各自的现代化提供更大动力和更有利条件。特别是随着我国开启全面建设社会主义现代化国家新征程，构建以国内大循环为主体、国内国际双循环相互促进的新发展格局，这

决不是要搞封闭的国内循环，而是开放的国内国际双循环，在推动形成宏大顺畅的国内经济循环的同时，依托我国大市场优势，不断扩大高水平对外开放，深度参与全球产业分工和合作，在不断扩大我国发展空间的同时为世界发展作出更大贡献，致力于推动互利共赢、共同发展。

高祖贵　中央党校（国家行政学院）国际战略研究院院长、教授

2023 年 7 月 7 日《学习时报》

中国式现代化蕴含的价值观

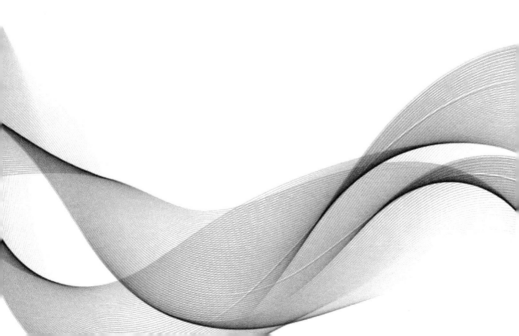

中国式现代化是中国共产党领导全国各族人民在长期探索和实践中取得的重大成果。习近平总书记在学习贯彻党的二十大精神研讨班开班式上指出："中国式现代化蕴含的独特世界观、价值观、历史观、文明观、民主观、生态观等及其伟大实践，是对世界现代化理论和实践的重大创新。"在这"六观"中，价值观具有独特的地位和意义。从哲学层面上讲，价值观是我们基于一定的思维认知而对事物发展作出的判断或抉择，一经形成便具有导向性、稳定性和持久性，成为推动事物朝着正确方向发展的重要因素。中国式现代化蕴含的价值观，突出体现为坚持人民至上的根本立场和科学方法，本质性地彰显了党在领导全面建设社会主义现代化国家、全面推进中华

民族伟大复兴新征程上所特有的价值指向、价值
目标和价值情怀。

不断满足人民对美好生活的向往，
是中国式现代化的根本宗旨

人民性是马克思主义的本质属性，是中国式
现代化鲜明的价值追求。党的十八大以来，以
习近平同志为核心的党中央继承和发扬党的群众
路线的光荣传统，坚守和践行全心全意为人民服
务的根本宗旨，把马克思主义的人民性贯通于新
时代治国理政实践，创造性地提出坚持人民至上
的重大理念，为强国建设和民族复兴指明了根本
方向。从"人民对美好生活的向往，就是我们
的奋斗目标"的庄严承诺，到"坚持以人民为

中心的发展思想"的鲜明提出；从"为中国人民谋幸福，为中华民族谋复兴"党的初心使命的精辟凝练，到"人民至上、生命至上"的铿锵宣言；从"江山就是人民，人民就是江山"规律的深邃揭示，到"中国共产党始终代表最广大人民根本利益，与人民休戚与共、生死相依，没有任何自己特殊的利益，从来不代表任何利益集团、任何权势团体、任何特权阶层的利益"的时代宣言，生动展示了以习近平同志为主要代表的中国共产党人的为民情怀和使命担当，深刻彰显了习近平新时代中国特色社会主义思想的根本立场和核心价值。新时代十年的伟大变革和创新实践深刻表明，坚持人民至上，是马克思主义唯物史观的时代彰显，是中国共产党人的根本立场，是党长期执政的最大底气。正是坚持人民至上的创新理念及其深入实践，为全面建

成小康社会和开启全面建设社会主义现代化国家新征程拓展了价值内涵，形成了中国式现代化所特有的核心价值观。

中国式现代化，是中国共产党领导的社会主义现代化，是以人民为主体和中心的现代化。中国式现代化不是对西方现代化理念与模式的照抄照搬，而是从中国国情出发进行的独立自主的探索和创新；中国式现代化打破了"现代化＝西方化"的迷思，展现了现代化的另一幅图景，拓展了发展中国家走向现代化的路径选择，为人类谋求更好的社会制度和现代生产生活方式提供了中国方案。中国式现代化的最本质特征和最鲜明特色就是坚持人民至上、遵循"人本逻辑"，从而成功避免和超越了西方现代化"资本逻辑"驱动所带来的难以避免的社会问题与"发展陷阱"，是对世界现代化进程和人类文明的重大贡献。党的二十大报告对中国式现代化的中国特色进行了系统阐发，贯穿着坚持人民至上的根本立场和核心价值。比如，中国式现代化是人口规模巨大的现代化，使 14 亿多人口整体迈进现代化社会，其艰巨性和复杂性前所未有，因此想问题、作决策、办事情，都必须充分考虑到全国人民的整体利益。再比如，中国式现代化是全体人民共同富裕的现代化，共同富裕是中国特色社会主义的本质要求，也是一个长期的历史过程，必须坚持把实现人民对美好生活的向往作为现代化建设的出发点和落脚点，着力维护和促进社会公平正义，着力促进全体人民共同富裕，坚决防止两极分化。在中国式现代化新征程上，我们只有始终坚持人民至上，顺民所需、为民造福，才能全面建成社会主义现代化强国。

坚持人民至上，要求我们必须把不断满足人

民对美好生活的向往贯穿于中国式现代化一切方面和全部过程。世界现代化历史进程表明，现代化是造福人民的伟大社会变革，现代化道路最终能否走得通、行得稳，关键在于能否满足人民对美好生活的向往、能否顺应人民对文明进步的渴望。中国式现代化是坚持以人民为主体、坚持以人民为中心的现代化，现代化的每一步战略、每一项措施，都必须建立在不断满足人民对美好生活的向往这一基本点之上。在第十四届全国人民代表大会第一次会议上，习近平总书记深刻指出：在中国式现代化新征程上，要坚决"贯彻以人民为中心的发展思想，完善分配制度，健全社会保障体系，强化基本公共服务，兜牢民生底线，解决好人民群众急难愁盼问题，让现代化建设成果更多更公平惠及全体人民，在推进全体人民共同富裕上不断取得更为明显的实质性进展"。习近平总书记在中国共产党与世界政党高层对话会上的主旨讲话中再一次明确强调："现代化不仅要看纸面上的指标数据，更要看人民的幸福安康。政党要锚定人民对美好生活的向往，顺应人民对文明进步的渴望，努力实现物质富裕、政治清明、精神富足、社会安定、生态宜人，让现代化更好回应人民各方面诉求和多层次需要，既增进当代人福祉，又保障子孙后代权益，促进人类社会可持续发展。"这些重要论断，进一步阐述了中国式现代化蕴含的独特价值观，深刻指明了中国式现代化的人民性，在中国式现代化建设的新征程中具有根本性、持久性指导意义。

充分激发全体人民的积极性主动性创造性，是中国式现代化的根本动力

人民是历史的创造者，是真正的英雄。唯物史观的这一基本原理，在新时代中国特色社会主义理论与实践中得到了创造性坚持和时代性彰显。习近平总书记站在历史和时代的高度，深刻揭示了人民在实现中华民族伟大复兴历史进程中的决定性作用："波澜壮阔的中华民族发展史是中国人民书写的！博大精深的中华文明是中国人民创造的！历久弥新的中华民族精神是中国人民培育的！中华民族迎来了从站起来、富起来到强起来的伟大飞跃是中国人民奋斗出来的！"以中国式现代化全面推进中华民族伟大复兴，需要全

体人民共同奋斗。习近平总书记深刻指出："人民是历史的创造者，是推进现代化最坚实的根基、最深厚的力量"，"全面建成社会主义现代化强国，人民是决定性力量。"我们只有把强国建设、民族复兴的根本动力建立在全心全意依靠人民群众的基点上，充分激发全体人民的积极性主动性创造性，才能有力推进现代化建设各项事业。

坚持人民至上，必须尊重人民群众首创精神。人民群众中蕴藏着巨大的力量和无穷的智慧，这是我们党紧紧依靠人民夺取革命、建设、改革伟大胜利的宝贵资源。新时代十年，以习近平同志为核心的党中央始终坚持为了人民、依靠人民，尊重人民群众主体地位和首创精神，充分激发人民群众中蕴藏着的智慧和力量，团结带领广大人民为不断实现美好生活而共同奋斗，

完成脱贫攻坚、全面建成小康社会的历史任务。我们只有紧紧依靠人民，充分发挥人民主体作用，尊重人民首创精神，才能依靠人民干事创业。

坚持人民至上，必须积极推进全过程人民民主。人民群众的积极性主动性创造性的发挥，在于保证人民行使当家作主权利。全过程人民民主是社会主义民主政治的本质属性，是最广泛最真实最管用的民主。中国式现代化的宏伟目标和战略任务，赋予全过程人民民主更加深刻的时代内涵和更加具体的实践要求。在当前全面建设社会主义现代化国家的关键时期，尤其要密切适应社会主要矛盾的新变化，积极回应人民群众对美好生活的新需要，畅通民主渠道，丰富民主形式，从各层次各领域不断扩大人民有序政治参与，使各方面制度和国家治理更深刻地体现人民意志、更广泛地保障人民权益。只有这样，才能更有力地激发人民群众的政治热情和创造活力，汇聚起全面建设社会主义现代化国家的磅礴力量。

实现人自由而全面的发展，是中国式现代化的根本目标

实现人自由而全面的发展，是马克思主义对未来社会的科学设想，是社会主义现代化的特有价值。马克思、恩格斯认为，未来社会就是建立这样一个"联合体"，"在那里，每个人的自由发展是一切人的自由发展的条件"，社会应该"给所有的人提供充裕的物质生活和闲暇时间，给所有的人提供真正的充分的自由"。中国共产党领导和推动的中国式现代化，正在把马克思主

义经典作家的美好设想变为现实。实现人自由而全面的发展，是中国式现代化蕴含的独特价值观的最高体现。

现代化的本质是人的现代化。习近平总书记指出："现代化的最终目标是实现人自由而全面的发展。"这是世界现代化进程的一般规律。但是，不同国家、不同性质的现代化，在实现人的全面发展问题上走着不尽相同的现代化道路。资本主义国家的现代化，遵循的是"资本逻辑"。资本的固有特性是利益无限驱动，带来的必然是对内剥削和奴役、对外扩张和掠夺。与此同时，伴随而来的利益分化、阶级对立、极端个人主义、社会畸形发展等，严重制约人自由而全面的发展，甚至造成人的主体性失落和民主自由权利的被剥夺，这是资本主义国家现代化自身难以完全克服的弊端。中国式现代化与资本主义国家现代化的"资本逻辑"不同，一方面，遵循市场经济规律，充分发挥资本的积极作用，让一切劳动、知识、技术、管理和资本的活力竞相迸发，让一切创造社会财富的源泉充分涌流，构筑社会主义现代化强大的物质基础。另一方面，始终坚持以人民为中心的发展思想，以促进社会公平正义、增进人民福祉、实现人自由而全面的发展作为经济社会发展的出发点和落脚点，让现代化建设成果更多更公平惠及全体人民。在中国式现代化新征程上，必须不断厚植现代化的物质基础，不断夯实人民幸福生活的物质条件，同时大力发展社会主义先进文化，加强理想信念教育，传承中华文明，促进物质的全面丰富和人的全面发展。

马克思指出："人的本质不是单个人所固有的抽象物，在其现实性上，它是一切社会关系的

总和。"社会的变革与进步离不开人的主体作用和全面发展，人的全面发展同样离不开社会变革和协调发展。在新发展阶段，人们不仅对物质文化生活提出更高要求，而且在民主、法治、公平、正义、安全、环境等方面的要求也日益增长，加强全社会精神文明建设、促进人的全面发展的任务更加迫切。通过扎实推进共同富裕、改善人民生活品质、提高社会建设水平、提升社会文明程度等重大战略任务的深入实施和全面推进，必将使中国式现代化坚持人民至上的核心价值和实现人自由而全面发展的目标导向得到充分彰显。

包心鉴　中国政治学会学术委员会副主任，山东省习近平新时代中国特色社会主义思想研究中心学术委员会委员、特邀研究员

2023 年 5 月 3 日《学习时报》

中国式现代化蕴含的历史观

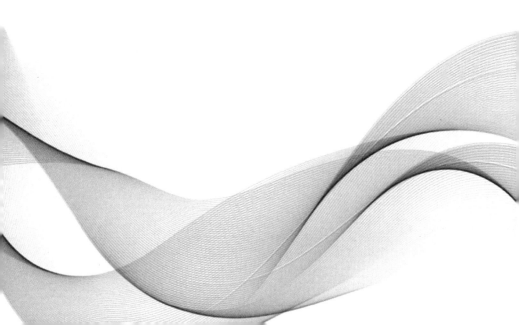

习近平总书记在学习贯彻党的二十大精神研讨班开班式上强调，中国式现代化蕴含的独特世界观、价值观、历史观、文明观、民主观、生态观等及其伟大实践，是对世界现代化理论和实践的重大创新。习近平总书记在党史学习教育动员大会上指出，要树立大历史观，从历史长河、时代大潮、全球风云中分析演变机理、探究历史规律，提出因应的战略策略，增强工作的系统性、预见性、创造性。习近平总书记所讲的历史观、大历史观，是新时代对唯物史观活的运用和丰富发展。用大历史观看待中国式现代化，研究中国式现代化中蕴含的历史观，对于把握中国式现代化的历史进程、发展规律，以中国式现代化全面推进中华民族伟大复兴，具有重要的理论和现实意义。

中国式现代化孕育于中华
5000 多年文明之中

唯物史观认为，人们自己创造自己的历史，但是他们并不是随心所欲地创造，并不是在他们自己选定的条件下创造，而是在直接碰到的、既定的、从过去承继下来的条件下创造。先前历史所积累的物质财富和精神财富、先前的生产力发展水平及其生产方式，先辈所形成的生活习俗、文化传统、人口规模，包括国家所处的地理环境以及自然禀赋，都直接影响着一个国家和民族现代化的发生与发展。

在世界文明史上，中华文明源远流长且从未中断过，在漫长的农业文明时代，长期领先于世界发展水平。近代以来，由于西方列强入侵和封建统治腐败，中国逐步成为半殖民地半封建社会。即使在这样的背景下，中国人民也从未停止过学习西方的现代化道路、探索自己的现代化道路。中国共产党自成立以来，坚持把马克思主义基本原理同中国具体实际相结合、同中华优秀传统文化相结合，在新民主主义革命时期就提出工业化的初步设想，在社会主义革命和建设时期提出了"一化三改造"的过渡时期的总路线，逐步实现社会主义工业化，把实现"四个现代化"作为国家发展的战略目标确定下来，在改革开放和社会主义现代化建设新时期，提出到新中国成立一百年时基本实现现代化的目标。进入新时代以来，以习近平同志为核心的党中央，在总结我国现代化建设历史经验的基础之上，从理论与实践相结合的角度，提出了中国式现代化的命题。

党的二十大进一步明确了从现在起，党的中心任务就是团结带领全国各族人民全面建成社会主义现代化强国、实现第二个百年奋斗目标，以中国式现代化全面推进中华民族伟大复兴。

有一种现代化理论认为，现代化源于西方，西方现代化是内生的、原发的现代化，而其他国家的现代化都属于外生的、模仿式的现代化。从中国人民特别是百余年来中国共产党对现代化探索的历史可以看出，中国式现代化虽然深受世界现代化潮流的影响，但决不是外生的现代化，更不是简单对西方现代化的模仿。中国式现代化的中国特色，与中华大一统的思想、民本主义的政治主张、不患寡而患不均的观念、天人合一的宇宙观都有着千丝万缕的历史联系。

用大历史观看待中国式现代化，就是在中国式现代化的历史视野中，要有 5000 多年中华文明史，要有 500 多年世界社会主义史，要有中国人民近代以来 180 多年斗争史，要有中国共产党 100 多年的奋斗史，要有中华人民共和国 70 多年的发展史，要有改革开放 40 多年的实践史，要有新时代中国特色社会主义 10 多年取得的历史性成就、发生的历史性变革。只有树立这样的大历史观，才能把中国式现代化的本质和历史趋势看清楚，才能掌握以中国式现代化全面推进中华民族伟大复兴的历史主动。

中国式现代化始终坚持增进
人民福祉的价值目标

唯物史观认为，人们为了能够"创造历史"，必须能够生活。生产物质生活本身是历史的第一

个活动，是一切历史的基本条件。世界各国现代化历史表明，现代化首先要解决的是物质生活生产的问题，都是围绕经济生产展开的。

中国式现代化的历史首先也是从器物现代化的层面开始的，但是中国式现代化的发生有其特殊历史背景。一是在半殖民地半封建的中国，民族独立、人民解放的政治任务与器物现代化的任务交织在一起，完成民族独立是推进现代化的政治前提，这就决定了在发展次序和着力点上与西方现代化不同；二是在中国推进现代化还有一个道路抉择问题，第一次世界大战使资本主义的弊端彻底暴露，十月革命的胜利使中国人看到了社会主义的希望，马克思列宁主义与中国工人运动相结合产生了中国共产党。这样一来，中国式现代化一开始就打上了社会主义的鲜明历史印记。从近代开始，中国现代化直接的目的是实现民族独立、人民解放，但实现这个政治目的是从解决"器不如人"开始的，然后逐步演进到工业化，再到制度现代化。中国共产党成立之后，同样重视物质生活生产，围绕解决农民土地、改善人民物质生活问题，凝聚革命的力量。

中国共产党执掌全国政权后，人民成了国家的主人，不断满足人民物质文化需求成为现代化的重要价值目标，把落后的农业国变成先进的工业国成为现代化的主要任务。党的十一届三中全会以来，邓小平第一次把中国式现代化定义为"小康之家"，就是用人民群众的生活水平标准来表达现代化。

中国特色社会主义进入新时代以来，以习近平同志为核心的党中央敏锐地认识到，我国社会主要矛盾已经转化为人民日益增长的美好生活需要和不平衡不充分的发展之间的矛盾，要抓

住不平衡不充分的发展这一矛盾的主要方面，立足新发展阶段，坚持新发展理念，构建新发展格局，推动高质量发展，不断满足人民日益增长的美好生活需要。习近平总书记反复强调，中国式现代化必须不断厚植现代化的物质基础，不断夯实人民幸福生活的物质条件。中国式现代化是全面的现代化，但任何时候经济建设这个中心不能动摇，增进人民福祉这个价值不能迷失。这是唯物史观的根本要求，也是中国式现代化本身所蕴含的大历史观。

中国式现代化始终坚持"历史合力"理论

唯物史观认为，无论历史的结局如何，人们

总是通过每一个人追求他自己的、自觉预期的目的来创造他们的历史，而这许多按不同方向活动的愿望及其对外部世界的各种各样作用的合力，就是历史。历史是合力作用的结果，每个意志都对合力有所贡献，都包括在这个合力里面。实现现代化是近代以来中国人民的不懈追求，是中国人民共同意志的反映。中国共产党"两个先锋队"的性质，决定了党是全国人民共同意志和根本利益的代表。而党要代表全国人民的意志，就要依靠人民，充分发挥每一个人的积极性、创造性，在大力推进中国式现代化建设中找到最大公约数；就要关心人民群众急难愁盼问题，构建同心圆，凝聚起建设中国式现代化的历史合力。

中国式现代化是人口规模巨大的现代化。在现代化的进程中，要形成统一的意志、普遍的利

益，这确实要比人口规模小的国家复杂。人口多决定了我国现代化建设目标的艰巨性和复杂性，这就要求执政的中国共产党想问题、作决策、办事情，需要保持足够的历史耐心，坚持稳中求进、循序渐进、持续推进，用全过程人民民主凝聚共识，保证中国式现代化朝着促进全体人民共同富裕的方向发展。

同时，也应该看到，人口规模巨大也是优势。一是劳动力充裕、劳动力成本低，在现代化初期的劳动密集型产业发展阶段，这是一笔巨大的人口红利；人口基数大、人力资源丰富，可以为科技创新和高质量发展提供雄厚的人才基础。二是人口多可以形成巨大的国内市场，有利于国内大循环格局的构建，对于摆脱对外依附、走独立自主发展的现代化道路是有利条件。三是中国共产党始终代表最广大人民根本利益，把 14 亿多中国人团结起来，就能凝聚起无坚不摧的力量，彰显出社会主义制度集中力量办大事的优势。

中国式现代化是全体人民共同富裕的现代化，每一个人都是现代化的主体力量，都有人生出彩的机会。因此，在推进现代化的进程中，我们要坚决维护人民当家作主，坚持我国基本经济制度，毫不动摇巩固和发展公有制经济，毫不动摇鼓励、支持、引导非公有制经济发展。坚持让市场在资源配置中起决定性作用，更好发挥政府作用，让劳动、技术、管理、资本、数据等各种生产要素充分发挥活力，使财富创造的源泉充分涌流，共同形成全面建设社会主义现代化国家的合力。

中国式现代化坚持中国历史与世界历史的统一

唯物史观认为，各民族的原始封闭状态由于日益完善的生产方式、交往以及因交往而自然形成的不同民族之间的分工消灭得越是彻底，历史也就越是成为世界历史。马克思指出："工业较发达的国家向工业较不发达的国家所显示的，只是后者未来的景象。"在这里，"工业"就是当时现代化的标识。中国式现代化内生于中国历史，但必然也会受到世界历史的影响，也以自己的特色丰富着世界现代化历史。

中国式现代化坚定不移地走和平发展道路。西方损人利己、充满血腥罪恶的现代化老路，给中国人民和广大发展中国家人民带来深重苦难。因此，中国式现代化决不走通过战争、殖民、掠夺等方式实现现代化的老路，我们坚定站在历史正确的一边、站在人类文明进步的一边，高举和平、发展、合作、共赢旗帜，在坚定维护世界和平与发展中谋求自身发展，又以自身发展更好维护世界和平与发展。

中国式现代化决不拒斥世界现代化的文明成果。现代化最早萌发于西方，在资本主义生产方式推动下不断向世界其他地方扩展，这是历史事实。但是，现代化决不等同于西方化，也不等同于资本主义化，它是社会生产力发展的客观要求和科技进步的必然结果，像工业化、城市化、市场化、信息化等，是实现现代化不能跳过的历史阶段。我国现在还是一个发展中大国，全面建成社会主义现代化强国的任务还很繁重，我们决不

要民粹主义、决不盲目排外，而要以大历史观来看待世界现代化的历史，以海纳百川的胸怀吸收世界现代化的文明成果。

中国式现代化始终坚持改革的锐气和开放的姿态。改革是中国式现代化的动力，只有改革才能破解深层次体制机制障碍，不断激发和增强中国式现代化建设的动力和活力。开放是中国式现代化的必然要求，在经济全球化的今天，没有哪个国家能够独自应对人类面临的各种挑战，也没有哪个国家能够退回到自我封闭的孤岛，更没有哪个民族能够关起门来实现现代化，中国式现代化必然要在更高水平上坚持对外开放。

牛先锋　中央党校（国家行政学院）马克思主义学院院长、教授

2023 年 5 月 31 日《学习时报》

中国式现代化蕴含的文明观

习近平总书记指出，中国式现代化蕴含的独特世界观、价值观、历史观、文明观、民主观、生态观等及其伟大实践，是对世界现代化理论和实践的重大创新。中国式现代化发展道路的伟大实践，一方面极大丰富了当代人类现代化的理论内涵，另一方面这一人类文明新形态也向世人日益彰显了独特而鲜明的中华文明观，这对于我们维护世界和平、促进世界和谐发展无疑具有重要的价值参照意义。

（一）

一般而言，文明观所表达的是人类不同文明

形态及与其他文明之间关系的基本观点和根本看法。人类从传统农业文明向现代工业文明转变，必然要经历现代化的洗礼。按照马克思在《共产党宣言》中的论述，资本主义开创了真正意义上的"世界历史"，通过资本的全球扩张，"资产阶级挖掉了工业脚下的民族基础"，生产方式、交往以及因交往而自然形成的不同民族之间的分工消灭得越是彻底，历史就越是成为世界历史，从此世界各民族和国家进入了普遍性交往时代，人类进入了现代化的历史发展节奏。如果说在传统农业文明时代世界各民族尚处于"离散时空"发展状态的话，那么随着现代化这一"世界历史"序幕的拉开，人类从此进入了"同步时空"的发展状态。各个民族国家通过普遍交往，打破孤立隔绝的状态，进入相互依存、相互联系的世界整体化的发展时代。

在人类的普遍性交往时代，各个国家民族之间究竟如何相处，凸显文化与文明问题。文化多样性是人类传统社会生活中的民族文化的原初样态，其表征是世界上每个民族、每个国家都有自己独特的文化和价值诉求，这种独特的民族文化构成了其民族身份的重要标志。在 2005 年 10 月第 33 届联合国教科文组织大会上通过的《保护和促进文化表现形式多样性公约》中，"文化多样性"被定义为"各群体和社会借以表现其文化的多种不同形式。这些表现形式在他们内部及其间传承"。文化多样性作为人类社会形态的基本特征，它是一个民族历史文化长期积淀的结果，构成了人类文明进步的重要动力。马克思在《路易·波拿巴的雾月十八日》中指出，"人们自己创造自己的历史，但是他们并不是随心所欲地创造，并不是在他们自己决定的条件下创造，

而是在直接碰到的、既定的、从过去继承下来的条件下创造"。从根本上来说，文化多样性是世界各个民族国家自身文化传统的生动表达，是民族文化存在的理由。中华文明观所表达的就是中国传统文化中独特的价值观念，蕴含着中华民族的实践智慧和历史经验，是每个中国人所一贯遵循的行为准则。

在全球化时代，人类的交往程度比以往任何时候都更加深入和广泛，国家之间的相互联系和依存比以往任何时候都更加频繁和紧密，我们必须像爱护自己的眼睛一样呵护文化多样性。从民族性视角来看，文化没有高下优劣之分。在人类历史发展的长河中，中国有四大发明，欧洲有文艺复兴、启蒙运动，阿拉伯有发达的音乐、文艺、美术，美洲人从野生植物中培育出了马铃薯、可可、玉米等作物，每一种文化都为丰富全人类的物质生活与精神生活作出了不可磨灭的贡献。

（二）

中国式现代化是中国共产党和中国人民长期实践探索的成果，是一项伟大而艰巨的事业。这一伟大事业在全球化背景下中国与世界的互动中展开，中国式现代化蕴含的文明观既反映了世界现代化文明发展的共同特征，也体现了立足具体实际的中国特色。作为人类文明新形态的中国式现代化道路，经过改革开放的成功探索实践，以鲜明的中国特色丰富了现代化的文明内涵、拓展了人类文明的发展路径。对于中国式现代化，党的二十大报告概括了五大特征：中国式现代化是

人口规模巨大的现代化，是全体人民共同富裕的现代化，是物质文明和精神文明相协调的现代化，是人与自然和谐共生的现代化，是走和平发展道路的现代化。这一论述向世界清晰传递了中国式现代化所蕴含的文明价值诉求，丰富了人类现代化文明观的理论和实践内涵。

中国式现代化是文明共性与个性的统一。现代化是每个民族发展都不可逾越的历史阶段。马克思认为，在人类世界历史的进程中，生产力的普遍发展和人的普遍交往催生了现代社会的发展，这使得"各民族的精神产品成了公共的财产。民族的片面性和局限性日益成为不可能"，各个民族的地域性的生产方式转变为世界历史性的生产方式。作为人类现代文明的表征，现代化所具有的共同性特征就是工业化、城市化以及人的现代化。中国式现代化实践凸显了世界历史逻辑中的这种文明共性。一般说来，外部关系上的世界化和内部关系的个性化是一个民族国家现代化实践的两个重要趋势。外部关系上的世界化指的是特定民族对人类现代化共同价值的认同，开放心胸向世界学习，即向世界文明开放、向先进生产力开放，真正融入全球化的发展大潮，在中国与世界的互动中实现跨越式发展。内部关系的个性化指的是在遵从人类现代化的一般规律的同时，还要从中国的基本国情出发，探索出适合自己的现代化道路，努力闯出一条中国特色社会主义现代化发展之路，即中国式现代化道路。我们要注意借鉴吸收现代化的共同价值，还要考虑中国国情，赋予其中国特色的个性特征。总之，要在现代化的历史必然性与实现方式的多样性之间找到一种平衡。

中国式现代化是民族性与世界性的统一。从

现代化的民族性来看，中国式现代化必须自觉与中华优秀传统文化相对接，从而形成对民族自我文化价值的自觉。中华优秀传统文化是中国式现代化的底色，中国的现代化进程是在保留传统文化的基础上进行的。从现代化的世界性来看，中国式现代化要坚持胸怀天下，树立人类命运共同体意识，顺应和平与发展的时代潮流，与各国人民一道憧憬和描绘世界的美好未来。交流互鉴是人类文明进步的动力，我们要尊重各国的文明发展，积极开展不同文明形态之间的交流对话，弘扬和平、发展、公平、正义、民主、自由的全人类共同价值。中国的未来发展离不开世界，这就需要我们通过自身的发展来促进世界和平，在"美美与共"的文明双向互动中实现互利共赢。

中国式现代化是物质文明与精神文明的统

一。中国式现代化道路是一个全方位、均衡性的发展过程，其目标是实现物质文明、政治文明、精神文明、社会文明、生态文明的协调发展。高度的精神文明是社会主义社会的重要特征，一个健康的社会一定是高度的物质文明与高度的精神文明相统一的社会。中国式现代化，不仅要求物质生活水平提高、家家仓廪实衣食足，而且要求精神文化生活丰富、人人知礼节明荣辱，是物质文明和精神文明相协调的现代化。如果没有高度的精神文明，没有社会主义文化的繁荣发展，就谈不上真正意义上的社会主义现代化。中国式现代化道路的文化呈现，还应该是时代精神与民族传统的有机统一，中华优秀传统文化中所恪守的贵和持中、和而不同的人生态度，所追求的自强不息、厚德载物的实践智慧，以及所倡导的道法自然、天人合一的文化境界，这些丰厚的文化资

源必将在未来中国式现代化建构的历史实践中呈现出勃勃生机与活力。

中国式现代化是守正与创新的统一。守正就是坚持中国共产党的领导，坚持马克思主义的思想引领。唯有守正，才能不迷失方向、不犯颠覆性错误。我们要毫不动摇地坚持党的基本路线和基本方略，坚持中国式现代化的中国特色、本质要求及其重大原则，确保中国式现代化的正确前进方向。党的二十大报告提出，坚持创新在我国现代化建设全局中的核心地位。这就要求我们自觉将创新贯穿于中国式现代化建设的全过程和全方位，坚持以创新作为推动高质量发展的动力引擎和持续推动力，扎实推进实践创新、制度创新与文化创新，通过大胆的创新探索来破解现代化实践中的重大理论和实践问题，努力增强全社会活力和创造力，调动亿万人民群众的创新积极性，在全社会形成良好的创新风气。

邹广文　清华大学马克思主义学院教授、清华大学习近平新时代中国特色社会主义思想研究院研究员

2023 年 5 月 1 日《学习时报》

中国式现代化蕴含的民主观

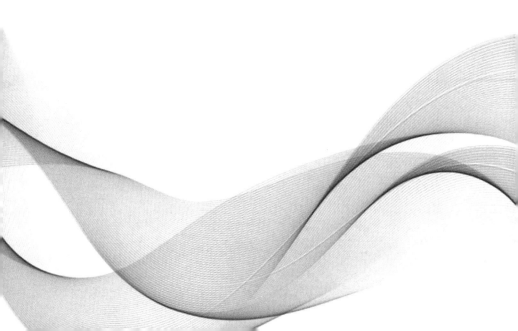

民主是人类社会共同的价值追求，是人类政治文明发展进步的重要标志。从世界各国历史实践来看，民主又是多样的、具体的、发展的。习近平总书记在学习贯彻党的二十大精神研讨班开班式上指出："中国式现代化蕴含的独特世界观、价值观、历史观、文明观、民主观、生态观等及其伟大实践，是对世界现代化理论和实践的重大创新。"当代中国的民主观是马克思主义民主观。它基于马克思主义立场、观点和方法，植根于中华优秀传统文化，借鉴并汲取了其他国家和地区民主化的经验和教训，不照搬照抄西式民主教条及政治模式，是正确的、全面的、科学的民主观。中国共产党高举人民民主的旗帜，团结带领中国人民成功走出了一条中国特色社会主义

政治发展道路，提出全过程人民民主重大理念，彰显了当代中国民主观的人民性、自主性、共识性、效能性、系统性，展现了对民主这一全人类共同价值的全新理解，贡献了政治发展的中国方案，开启了人类政治文明发展的新境界。

全过程人民民主的本质特征与独特优势

中国民主的最本质特征是人民当家作主。全过程人民民主是中国民主的最新概括与独特表达，是中国式现代化的本质要求之一。全过程人民民主是一种全新的民主形态，凸显了人民是历史的创造者，是决定党和国家前途命运的根本力量。

人民至上的社会主义民主。与间歇性票选掩

盖下的西式寡头政治、财阀当政根本不同，人民当家作主是社会主义民主政治的本质。全过程人民民主体现了社会主义民主政治的鲜明特点。习近平总书记指出："人民只有投票的权利而没有广泛参与的权利，人民只有在投票时被唤醒、投票后就进入休眠期，这样的民主是形式主义的。"全过程人民民主不是行使间歇性投票权的狭隘的民主，而是坚持以人民为中心，旨在保障和实现人民经济、政治、文化、社会、生态文明等方面广泛权利的真实的民主。全过程人民民主，以人民为底色和特质，始终以人民满意与否为评价标准，在保障人民的主人翁地位的同时，充分调动了人民的积极性和能动性，有利于凝聚起亿万人民群众的智慧和力量。

扎根本国土壤的自主性民主。由于不同国家具有不同的社会政治环境、历史文化土壤，因而

坚持什么样的民主观、选择什么样的民主道路、采取什么样的民主实现形式等，取决于各国人民的选择。习近平总书记指出，民主是"各国人民的权利，而不是少数国家的专利。实现民主有多种方式，不可能千篇一律"。经过长期独立自主的探索，中国共产党领导中国人民逐步建立起适应中国国情、符合人民需要、有利于社会发展进步的社会主义民主制度体系，为真正实现人民当家作主提供了坚实的制度保障。

具有比较优势的共识性民主。中国特色社会主义民主有两种重要实现形式，即人民通过选举、投票行使权利和人民内部各方面在重大决策之前进行充分协商、尽可能就共同性问题取得一致意见。两种民主形式相互补充、相得益彰，是中国特色社会主义民主政治制度的重要特征，也是中国特色社会主义民主发挥制度优势的重要因素。西式民主片面地强调竞争性选举和票决，是对民主形式的过度简化，也是对民主实质的阉割和扭曲。在实行西方民主制度的国家，民主几乎都遵循"多数决"的规则运行，并最终演变成不同集团、不同群体或不同派别的零和博弈，带来纷争不息甚至社会撕裂。找到全社会意愿和要求的最大公约数，是全过程人民民主的真谛。在中国，重大决策往往是经过民意征集、民主酝酿，广泛听取意见，通过科学论证、民主决策产生的。各层级意见建议尤其是基层民意经过听证、函询、座谈、网络问政等多种方式被广泛纳入决策程序。

形式多样的高效能民主。全过程人民民主是致力于解决人民关心的问题的有效的民主。对一个国家政治制度体系的评价，最终还是要看其能否促进社会发展与进步，能否真正改善广大人民

群众的生活。如果不能有效促进社会发展和真实保障民生，政治制度无论设计包装得多么华丽，都只是徒有其表。全过程人民民主具有丰富的民主内容，必然要运用多种形式来保障其有效贯彻和实现，比如直接民主和间接民主相结合、选举民主和协商民主相结合。同时在基层治理中充分发挥人民的积极性和能动性，鼓励人民群众在党的领导下创造新的符合基层治理特点的民主形式，从而凝聚社会共识，保障人民依法通过各种途径和形式参与到国家政治生活和社会公共事务治理中来。

与时俱进的系统性民主。与国际上有些国家民主政治暴露出的对抗性、撕裂性不同，中国式现代化蕴含的民主观展现出鲜明的共识性、团结性。中国特色社会主义进入新时代，我国社会主要矛盾发生转化，人民对美好生活的向往更加强烈，不仅对物质文化生活提出了更高要求，而且在民主、法治等方面的要求日益增长。全过程人民民主通过不断健全民主制度、丰富民主形式、拓宽民主渠道，更好满足人民日益增长的民主需要。中国式民主发展越来越表现出形式的多样性、结果的效能性。广大人民群众通过各种平台和方式关注和参与社会治理，表达诉求。基层民主实践也更加广泛、生动。村民理事会、村民监事会、村民议事会、居民议事会等一系列丰富多样的基层民主形式在城乡社区蓬勃发展，电视问政、广播问政、党报问政、网络问政等一系列充满时代气息的基层民主渠道不断拓宽。全过程人民民主在实践中日益丰富发展。

坚持正确的民主观，
发展全过程人民民主

中国式现代化蕴含的民主观展现出鲜明的人民性。民主必须与一个国家的基本国情相适应，服务于人民需求，由人民来实践，由人民来检验。全过程人民民主，深化了对民主政治发展规律的认识，丰富和发展了社会主义民主政治理论，为建设社会主义政治文明指明了前进方向，彰显了中国式现代化政治发展的独特魅力。中国以自身的成功实践证明了民主不只有西方民主这一条道路和模式。

发展全过程人民民主，推进国家治理体系和治理能力现代化。全过程人民民主与国家治理不仅具有高度的理论契合性，也具备实践的互联互动性。通过坚持民主与集中相统一，尊重人民主体地位，听取人民群众意见，广泛凝聚社会共识，实现了人民群众知情权、参与权、表达权、监督权全覆盖，坚持了党内民主与人民民主、国家治理与基层治理相促进，充分激发人民群众参与国家政治生活的动力，促进政治稳定、经济发展和社会繁荣，有效推进国家治理体系和治理能力现代化。

发展全过程人民民主，推进中国式现代化。民主是各国实现本国现代化的重要内容，是衡量一国现代化与否的重要标志，可以说，没有民主就没有现代化。各个国家在追求现代化、实现民主的道路探索中，理应具有自主性、对话性、创新性，而不是只有一种固定模式。习近平总书记指出："治理一个国家，推动一个国家实现现代化，并不只有西方制度模式这一条道，各国完全

可以走出自己的道路来。可以说，我们用事实宣告了'历史终结论'的破产，宣告了各国最终都要以西方制度模式为归宿的单线式历史观的破产。"全过程人民民主在党的领导下，突出了现代化方向的人民性，突出了探索现代化道路的多样性，保持了现代化进程的持续性，增强了现代化成果的普惠性。

发展全过程人民民主，展现中国政治文明光彩。中华文明绵延数千年，有着深厚的价值底蕴和人文关怀。在漫漫历史长河中，中国人民创造了独特的政治文明。中华文化秉承"民为邦本，本固邦宁"，推崇"己所不欲，勿施于人"，主张"和而不同，美美与共"等等，这些思想和理念，蕴含着百姓日用而不觉的价值追求，随着时间推移和时代变迁而不断与时俱进，其自身又有连续性和稳定性，体现出鲜明的中国特色和永不褪色的精神价值。中国的民主政治在运行中，始终注重了解民意、吸纳民意，人民群众能够参与到政治决策中来，并达成最广泛的共识，这是中国民主政治明显区别于西式民主的显著特征，体现了中国民主的显著优势。

发展全过程人民民主，以"中国之治"丰富人类政治文明百花园。冷战结束时，西方社会鼓吹西方自由主义民主模式是普世的、永恒的，是人类通往幸福世界的唯一道路。然而，人类历史非但没有终结，反而日益呈现多元化的发展态势，逐渐失灵的西方民主制度遭遇越来越严峻的困境。这充分证明民主是历史的、发展的、具体的，也是成长的、多样的，任何一个国家都不能垄断对民主质量的评价标准，将民主绝对化、模式化。民主必须与一个国家的基本国情相适应，服务于人民需求，由人民来实践，由人民来检

验。全过程人民民主在推动实现自身快速发展的同时，也为世界其他国家探索民主制度提供了成功实践范式，为丰富和发展世界政治文明提供了中国智慧、中国方案、中国力量。

当前，顺应经济全球化、世界多极化时代要求，多元文明将竞相绽放，人类政治文明的百花园必将随着全过程人民民主的发展而更加五彩斑斓、多姿多彩。中国式现代化蕴含的民主观既具有鲜明的中国特色，又吸收借鉴了人类政治文明成果，符合人类政治文明发展规律，在实践中显示出强大的生命力和巨大的优越性，推动和引领人类政治文明发展进程。

张树华 中国政治学会常务副会长、中国社会科学院政治学研究所所长、中国社会科学院大学政府管理学院院长

2023 年 5 月 8 日《学习时报》

中国式现代化蕴含的生态观

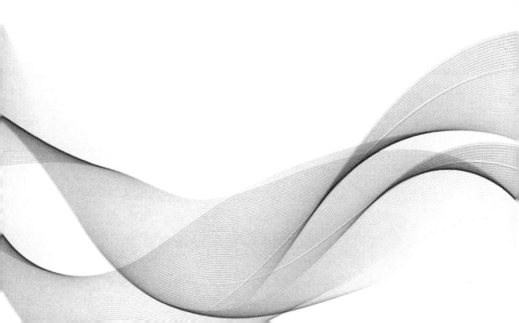

"中国式现代化是人与自然和谐共生的现代化"这一重要论述，凝结着我们党以全新视野对共产党执政规律、社会主义建设规律、人类社会发展规律以及人类文明发展规律的深入认识，体现了以习近平同志为核心的党中央在新时代扎实推进中国特色社会主义现代化进程的宝贵智慧，构成了习近平新时代中国特色社会主义思想的重要内容，反映了全党全国人民的共同心愿，指明了全面建成社会主义现代化强国、实现中华民族伟大复兴的康庄大道。习近平总书记指出，"概括提出并深入阐述中国式现代化理论，是党的二十大的一个重大理论创新，是科学社会主义的最新重大成果"，"中国式现代化蕴含的独特世界观、价值观、历史观、文明观、民主观、生

态观等及其伟大实践，是对世界现代化理论和实践的重大创新"，"中国式现代化，深深植根于中华优秀传统文化，体现科学社会主义的先进本质，借鉴吸收一切人类优秀文明成果，代表人类文明进步的发展方向，展现了不同于西方现代化模式的新图景，是一种全新的人类文明形态"。这些重要论断为我们深刻理解人与自然和谐共生的中国式现代化提供了根本遵循。

（一）

"人与自然和谐共生"是中国式现代化的中国特色和科学内涵，同时也是中国式现代化的独特生态观。它从生态维度构成并巩固了中国式现代化作为人类文明新形态的基础，具有人类文明的高度。此种高度，可从文明的"实体"和"价值"两个层面得到理解。

作为实体，文明标识人类社会发展的历史阶段、形态结构和物质与精神成果积累。作为价值，文明超越具体历史阶段，反映人类对公平正义仁爱道义性的共同追求。从人类社会发展进程来说，生态文明是人类继采集渔猎、农业、工业文明阶段后的一个新的文明阶段。"人与自然和谐共生的现代化"是生态文明原则在现代化模式上的反映或对于现代化模式的规定，是生态性要求和现代化建设的辩证统一，代表人类文明进步的发展方向。从价值含义上看，人与自然的关系是人类生存于世界的最为基本的关系。尊重自然、顺应自然、保护自然，是全面建设社会主义现代化国家的内在要求。这意味着中国式现代化把文明的指向从人与人的关系进一步推进到人与

自然的关系，从人类存在的"根"上深化了文明的内涵，提升了文明的高度。文明的价值含义更具有本质性，文明就是合乎道义。

人与自然和谐共生既是中国式现代化的独特生态观，也是独特文明观；既体现了人类社会的发展方向，也体现了人类社会的共同价值。理解这一现代化模式，一定要有文明高度、战略视野，要有哲学深度、历史广度，要有道路自信、文明自信。

（二）

在"人与自然和谐共生的现代化"表述中，"人"是主体，不仅指个人，也指人类社会。个人的"生"、人类社会的"生"，表现为个体生命质量、生活状态以及全社会富裕程度、福利状态的总体改善、向好和水平提高，这是人民对美好生活的向往的含义所在。"自然"不是世界万物的静态总和，而是一个动态有序的生命过程。《易传》上说，"天地之大德曰生""生生之谓易"。习近平总书记指出，人与山水林田湖草是一个生命共同体，"这个生命共同体是人类生存发展的物质基础"。

自然作为一个整体，其生命演化是有方向的，即自然整体的完善、和谐、美丽和生态承载力增量。"和谐共生"实质上是"和谐地共生"。"和谐"，消极地说意味着人和自然无矛盾无冲突的并存，积极地说意味着二者相互配合、相互促进、协同生长。"万物并育而不相害，道并行而不相悖。"这个"生"不单单是人的生命系统和自然的生命系统静态地并存着，更为本质的说

是二者构成一个具有向着完善、和谐和美丽进化的方向性的生命共同体，此可谓自然的"合目的性"。作为一种现代化进程，人与自然和谐共生的本质是物质财富增加、生活水平提高和生态质量改善、生态容量增加同步并行，自然之道和社会之道相辅相成、相得益彰。

《易传》上说，"一阴一阳之谓道，继之者善也，成之者性也"，即是对阴阳运行的完善性方向的揭示。中国哲学还把自然的"合目的性"称为"天地之心"。张载说："天地之心惟是生物。""生"是动态的，永远在路上。《中庸》引《诗》"鸢飞戾天，鱼跃于渊"来形容这种动态的景象。毛泽东则把它化为"鹰击长空，鱼翔浅底，万类霜天竞自由"的美丽画面。习近平总书记强调，"既要创造更多物质财富和精神财富以满足人民日益增长的美好生活需要，也要提供更多优质生态产品以满足人民日益增长的优美生态环境需要",这一重要论述奠定人类文明新形态的生态基础。

(三)

推进人与自然和谐共生的现代化不是放弃工业文明而退回到农业文明时代,而是把敬畏生态、尊重自然、顺应自然、保护自然的农业文明理念和发展物质生产力的工业文明思维辩证地统一起来,形成新的人类文明观,引领人类社会进步。我国进行生态文明建设、创造人类文明新形态的制度性障碍已经消除。推进人与自然和谐共生的中国式现代化,应在以下几个方面发力。

进行"世界观"变革,摆脱人类中心主义,

重新认识"主体"。"人者,天地之心也。""人的良知,就是草木瓦石的良知。"新的主体是以包含生态义涵的仁为核心的德行主体、仁德主体,道德地对待自然的主体。重新认识客体,承认自然的生命性,尊重其价值,维护其权利,维持自然的健康生命。"健康"在科学上意味着一套指标评估体系;在哲学上意味着自然系统共同体未遭损害,生态功能完整,处于和谐美丽的本然状态和本真状态,构成人与自然和谐共生的生命共同体的本体基础和美丽中国的本体基础;在实践上意味着自觉地构建人与自然和谐共生的生命共同体,建设美丽中国,实现中华民族伟大复兴。人作为德行主体,既要善假于物,又要维护物,同万物和谐地展开各自生命的精彩。《中庸》说,"唯天下至诚,为能尽其性。能尽其性,则能尽人之性。能尽人之性,则能尽物之性。能尽物之性，则可以赞天地之化育。可以赞天地之化育，则可以与天地参矣""成己，仁也；成物，知也；性之德也，合内外之道也"。北宋程颢说，"仁者以天地万物为一体，莫非己也"。明代王阳明说，"大人者，以天地万物为一体者也"。这些都是人与自然和谐共生的广义展开。马克思主张，在共产主义这种"较高级的经济的社会形态"中，"社会化的人，联合起来的生产者，将合理地调节他们和自然之间的物质变换"，达到"人和自然界之间，人和人之间的矛盾的真正解决"。与天地合德、使万物尽性，成己成物、参赞化育，浑然同体的中华传统生态文化精神与马克思主义生态思想是一致的。

进行思维方式的变革，从中国式现代化的高度进一步深化对习近平生态文明思想的认识。人与自然和谐共生的现代化在本质上是生态文明，

生态文明表现在实现人与自然和谐共生的现代化进程中，二者不是孤立的两个过程，而是同一个社会进程的不同侧面。必须树立生态文明建设和现代化进程相统一的辩证思维，破除对立意识；树立机遇意识，破除困境意识；善于发现机遇，转化机遇。把生态文明建设看作推进地区现代化的机遇和动力。绿色意味着技术革新、意味着产业升级换代、意味着把握未来发展先机、意味着在区域或全球生产力格局中处于领先地位。"这本身就是投资方向，是拉动经济的重要支点。"

站在人与自然和谐共生的高度谋划发展，善于进行前瞻性思考、全局性谋划、整体性推进，构建人与自然和谐共生的现代化格局。"坚持绿色发展是发展观的一场深刻革命"，在现代化进程的全局上谋划发展方式的绿色转型。转型是经济社会的全方位转型，是对传统现代化模式的切换；远不止于采取各项环境保护措施。在产业布局方面，发展绿色低碳产业，把全社会提升到一个基于绿色技术集群的更高平台上，引入新产业，提升原产业，创造新业态；在生产方面，进行能源结构、交通运输结构的调整优化；在政策供给方面，完善支持绿色发展的财税、金融、投资、价格政策和标准体系，健全资源环境要素市场化配置体系；在技术创新方面，加快节能降碳先进技术的研发推广，依靠科技创新破解绿色发展难题。倡导绿色消费，推动形成绿色低碳的生产方式和生活方式。

坚定不移走"绿水青山就是金山银山"绿色生态发展之路。建立生态产品价值实现机制，完善生态保护补偿制度，打通绿水青山转化为金山银山的各种渠道。完善碳排放统计核算制度，健全碳排放权市场交易制度。提升我国碳排放标

准化国际话语权，提倡"碳平等"，保障发展权。

（四）

人与自然和谐共生的现代化，是马克思主义基本原理同我国生态文明建设实践相结合的产物，中华文明中人与自然和谐共生的理念在新时代条件下的创造性转化和创新性发展；体现了人类文明的价值内涵，是马克思主义的价值合理性维度和中华文明"道义性"本质的呈现。生态文明在微观意义上，表现为绿色发展转型的各个方面，是推进人与自然和谐共生的现代化的发力之处；在中观意义是一种以人与自然和谐共生为内在要求的全面现代化进程；在宏观意义上是继农业文明、工业文明之后人类文明发展的新阶段。中国式现代化不同于历史上的现代化进程和现代化模式，"是一种全新的人类文明形态"，"代表人类文明进步的发展方向"，处于人类文明发展的制高点，是推动人类文明进步的坚定力量。

乔清举　中央党校（国家行政学院）

哲学教研部副主任、教授

2023 年 6 月 9 日《学习时报》

中国式现代化是新时代党的理论创新的典范

党的二十大报告在论述开辟马克思主义中国化时代化新境界时，提出"两个结合""六个必须坚持"的方法原则，深刻揭示了习近平新时代中国特色社会主义思想的理论品格和鲜明特质，既是深刻理解这一科学思想必须牢牢把握的基本点，也是继续推进理论创新必须始终坚持的基本点。中国式现代化理论作为习近平新时代中国特色社会主义思想的最新发展，是遵循"两个结合"、贯彻习近平新时代中国特色社会主义思想世界观方法论的典范。

中国式现代化是应时而生的理论

中国式现代化，从概念的提出，到理论的构建，再到不断丰富发展，前后不到两年半时间。习近平总书记之所以如此密集阐述中国式现代化理论，根本原因就是党和国家事业迈上了新征程、指导和引领全面建成社会主义现代化强国这一伟大社会革命的需要。就是说，中国式现代化是应时而生的理论。

新时代提出中国式现代化概念。党的十九届五中全会在"十三五"规划目标任务即将完成、全面建成小康社会胜利在望之际召开，不仅对"十四五"规划提出了建议，也提出了到2035年基本实现社会主义现代化的远景目标。全面建成小康社会的底线任务是脱贫攻坚，这是有中国反贫困理论作为直接指导的。新的奋斗目标，需要新的具有针对性的理论支撑。习近平总书记在全会上的重要讲话，从五个方面概括了中国式现代化，为新理论的提出作了概念准备。

在庆祝中国共产党成立 100 周年大会上的重要讲话中，习近平总书记代表全党宣布我们实现了第一个百年奋斗目标，正在意气风发向着全面建成社会主义现代化强国的第二个百年奋斗目标迈进。这次重要讲话，明确提出"创造了中国式现代化新道路，创造了人类文明新形态"的重大判断，把"中国式现代化"提高到人类文明形态的高度来认识。

党的二十大宣告"我国迈上全面建设社会主义现代化国家新征程"。党的二十大报告深化了对中国式现代化内涵和本质的认识，概括形成

了中国式现代化的中国特色、本质要求和重大原则，初步构建了中国式现代化的理论体系。党的二十大以中国式现代化理论为基础，科学描绘了实现第二个百年奋斗目标的宏伟蓝图，对未来一个时期党和国家事业作出了战略部署。

2023 年是全面贯彻党的二十大精神的开局之年。开局关乎全局，起步决定全程。在这样的时刻，习近平总书记在年初举办的省部级主要领导干部专题研讨班重要讲话中，提出并系统阐述了中国式现代化这个重大理论和实践问题，强调中国式现代化"是科学社会主义的最新重大成果"，形成了系统的中国式现代化理论。

现代化是一个世界历史进程，实现现代化是世界各国发展普遍面临的历史任务，各国探索现代化道路的历程充满艰辛。当前，世界百年未有之大变局加速演进，多重挑战和危机交织叠加，人类社会现代化进程又一次来到历史的十字路口。对于"我们究竟需要什么样的现代化？怎样才能实现现代化？"这样的世界现代化之问，中国共产党和中国人民有责任提供中国答案。3月15日，习近平总书记在中国共产党与世界政党高层对话会上发表主旨讲话，进一步阐述了中国式现代化的基本特点和世界意义，着眼于不同文明包容共存、交流互鉴，提出全球文明倡议。

中国式现代化是人口规模巨大的现代化，是全体人民共同富裕的现代化，是物质文明和精神文明相协调的现代化，是人与自然和谐共生的现代化，是走和平发展道路的现代化。这样的现代化，展现了不同于西方现代化模式的新图景，打破了"现代化＝西方化"的迷思，是对西方现代化理论和实践的重大超越，代表人类文明进步的发展方向，是一种全新的人类文明形态。

在改革开放初期，邓小平曾经提出"中国式的现代化"这一概念，当时是着重从物质技术水平角度讲的，主要考虑到庞大的人口数量，强调我国的现代化在人均收入和个人生活水平上不能与西方国家盲目攀比，在现代化建设上不能急躁冒进。后来他使用"小康社会""有中国特色的社会主义"这样两个概念，用以取代"中国式的现代化"的概念。习近平总书记提出"中国式现代化"，赋予了这一概念更加丰富、更具质感的规定性，使之更加清晰、更加科学、更加可感可行，具有了超越西方现代化的文明含义，并且从理论体系的角度对中国式现代化作了系统阐述，把我们党对社会主义现代化建设规律的认识提高到一个全新的高度。中国式现代化理论的发展史，生动展示了新时代党的理论创新的实践逻辑和历史逻辑。

中国式现代化是经济、政治、文化、社会、生态文明"五位一体"的全面现代化。中国式现代化理论具有高度的统合性，它是对建设什么样的社会主义现代化强国、怎样建设社会主义现代化强国这一重大时代课题的集中回答，以全新视野深化了对社会主义建设规律的认识，是习近平新时代中国特色社会主义思想的重要组成部分。我们应当从这一科学思想的全局来领会和把握中国式现代化理论。

中国式现代化是遵循
"两个结合"的典范

"两个结合"强调的是推进马克思主义中国化时代化，必须坚持把马克思主义基本原理同中

国具体实际相结合、同中华优秀传统文化相结合。中国式现代化作为我们党的最新理论创新创造，是对"两个结合"的最好践行。

新中国的建设从学习苏联经验起步，但我们党很快察觉到苏联模式的局限，毛泽东提出把马克思列宁主义基本原理同中国具体实际进行"第二次结合"的任务，强调要以苏联的经验教训为鉴戒，独立探索适合中国国情的社会主义建设道路。在党的十二大上，邓小平指出，"我们的现代化建设，必须从中国的实际出发""照抄照搬别国经验、别国模式，从来不能得到成功"。他强调，"把马克思主义的普遍真理同我国的具体实际结合起来，走自己的道路，建设有中国特色的社会主义，这就是我们总结长期历史经验得出的基本结论"。习近平总书记明确提出"中国式现代化"概念，就是对改革开放 40 多年我们党坚持把马克思主义基本原理同中国现代化建设实际相结合经验的高度凝练和总结。

当前，中国的具体实际是什么呢？就是我国仍处于并将长期处于社会主义初级阶段，同时已经进入新发展阶段，是我国迎来从站起来、富起来到强起来历史性跨越的一个阶段，是完成建设社会主义现代化国家这个历史宏愿的阶段；我国仍然是世界上最大的发展中国家，同时我国经济实力、科技实力、综合国力跃上新台阶，国际影响力、感召力、塑造力显著上升；我国社会主要矛盾已经转化为人民日益增长的美好生活需要和不平衡不充分的发展之间的矛盾，着力解决不平衡不充分的发展问题是解决这一矛盾的主要方面。尤其是，我国是 14 亿多人口整体迈入现代化，这必然是人类历史上难度最大的现代化。人口基数大，城乡区域发展水平差异大，决定了我

们必须保持历史耐心，坚持稳中求进、循序渐进、持续推进。中国式现代化，就是从上述这些具体实际出发，坚持运用马克思主义世界观方法论解决中国问题得出来的符合客观规律的科学认识。

传统是现代化生长的资源。中华优秀传统文化积淀着中华民族最深沉的精神追求，是中华民族生生不息、发展壮大的丰厚滋养。中国式现代化，就是植根于中华优秀传统文化土壤上的现代化。党的二十大报告中列举中华优秀传统文化的十个重要观念，为中国式现代化五个方面的中国特色提供了深厚的思想资源和政治资源。比如，天下为公、民为邦本、任人唯贤，为实现人口规模巨大的现代化提供了丰富的治理经验；为政以德、革故鼎新，为实现全体人民共同富裕的现代化提供了深刻的思想支持；自强不息、厚德载物，为实现物质文明和精神文明相协调的现代化提供了充沛的道义资源；天人合一，为实现人与自然和谐共生的现代化提供了科学的生产生活方式；讲信修睦、亲仁善邻，为实现走和平发展道路的现代化提供了重要的文化保证。可以说，中华优秀传统文化具有的独特智慧与科学社会主义基本原理高度契合，为推进中国式现代化提供了弥足珍贵的启示。正是由于实现了"第二个结合"，才使中国式现代化具有了鲜明的中国特色、深厚的历史基础和群众基础。

在实现"两个结合"进程中，中国式现代化用中华文明5000多年的底蕴滋养现代经济社会发展，不仅用自身的实践走出了现代化的成功之路，拓展了发展中国家走向现代化的途径，给世界上那些既希望加快发展又希望保持自身独立性的国家和民族提供了全新选择，也通过正确处

理人与自然、人与社会、人与人以及人与自身关系，形成了独特的世界观、价值观、历史观、文明观、民主观、生态观，创造出人类文明新形态。

中国式现代化是贯彻习近平新时代中国特色社会主义思想世界观方法论的典范

中国式现代化必须坚持人民至上。坚持以人民为中心的发展思想，是中国式现代化的一个重大原则。坚持以人民为中心而不是以资本为中心，服务绝大多数人的利益而不是追求资本利益最大化，这是中国式现代化区别于西方现代化的显著标志。中国式现代化锚定人民对美好生活的向往，顺应人民对文明进步的渴望，努力实现物质富裕、政治清明、精神富足、社会安定、生态宜人，让现代化更好回应人民各方面诉求和多层次需要，把现代化建立在不断追求并真正实现人的解放之上。围绕人民至上，中国式现代化形成了促进全体人民共同富裕、促进物质文明和精神文明相协调的一整套思想理念、制度安排、政策举措，让现代化建设成果更多更公平惠及全体人民。

中国式现代化必须坚持自信自立。从中国实际出发，走中国式现代化道路，是中国共产党不变的追求。我们坚信，现代化≠西方化，世界上既不存在定于一尊的现代化模式，也不存在放之四海而皆准的现代化标准，发展中国家有权利也有能力基于自身国情自主探索各具特色的现代化之路。事实上，我们没有像一些发展中国家那样亦步亦趋跟在西方国家后面简单模仿，以致陷入

"中等收入陷阱"难以自拔，而是坚持把国家和民族发展放在自己力量的基点上、把国家发展进步的命运牢牢掌握在自己手中，使中国的现代化建设展现出人类社会现代化的另一幅图景。

中国式现代化必须坚持守正创新。中国共产党领导的社会主义现代化，这是党的二十大对中国式现代化的基本定性。"中国共产党领导"和"社会主义"，就是中国式现代化必须始终坚守的本和源、根和魂。这一点必须毫不动摇，否则中国式现代化就会失去正确方向，甚至会犯颠覆性错误。基于这样的认识，推进中国式现代化必须牢牢把握的重大原则，首要就是这两条。同时，中国式现代化强调要处理好守正和创新的关系，坚持深化改革开放。推进中国式现代化，就要顺应时代发展要求，着眼于解决重大理论和实践问题，积极主动识变应变求变，敢于和善于冲破思想观念束缚、破除体制机制弊端、探索优化方法路径，不断实现理论和实践上的创新突破，塑造发展新动能新优势。

中国式现代化必须坚持问题导向。两极分化还是共同富裕？物质至上还是物质精神协调发展？竭泽而渔还是人与自然和谐共生？零和博弈还是合作共赢？照抄照搬别国模式还是立足自身国情自主发展？中国式现代化是对这一系列原则问题坚定有力的科学回答。不仅在这些原则和方向问题上保持着清醒和坚定，中国式现代化还将以一往无前的精神应对各个领域的具体问题，对新征程上面临问题的复杂程度、解决问题的艰巨程度保持清醒和自觉，主动发现问题、科学分析问题，不断提出真正解决问题的新理念新思路新办法。

中国式现代化必须坚持系统观念。推进中国

式现代化是一项系统工程，需要统筹兼顾、系统谋划、整体推进，正确处理好一系列重大关系。习近平总书记强调了六个方面的关系，即：顶层设计与实践探索的关系、战略与策略的关系、守正与创新的关系、效率与公平的关系、活力与秩序的关系、自立自强与对外开放的关系，体现了他洞悉时势、总揽全局的系统谋划和战略擘画，为推进中国式现代化提供了科学遵循。在新征程上，我们将面对更加深刻复杂多变的发展环境，面对更多两难、多难问题，必须更加自觉坚持和运用系统观念，运用科学思想方法观察形势、分析问题、推动工作。

中国式现代化必须坚持胸怀天下。中国人民是依靠自己的辛勤劳动和创新创造发展壮大自己，通过激发内生动力与和平利用外部资源相结合的方式实现自身发展的，不仅不以任何形式压迫其他民族、掠夺他国资源财富、"薅"世界各国的"羊毛",而且始终高举和平、发展、合作、共赢旗帜,不断以自身的新发展为世界提供新机遇,努力让现代化成果更多更公平惠及各国人民。尤其是积极参与全球治理体系改革和建设,践行真正的多边主义,弘扬全人类共同价值,推动落实全球发展倡议、全球安全倡议、全球文明倡议,坚决反对通过打压遏制甚至迟滞别国现代化来维护自身发展"特权"的行径。

由于遵循新时代党的理论创新"两个结合""六个必须坚持"的方法原则,中国式现代化理论是人民的理论、科学的理论、实践的理论、不断发展的开放的理论。全面建成社会主义现代化强国、以中国式现代化全面推进中华民族伟大复兴,注定是一场更加惊心动魄、更加波澜壮阔的伟大社会革命。我们必须坚持以中国式现代化理

论为指导，坚定历史自信，保持战略定力，引领和推动这场伟大社会革命行稳致远、以竟全功。

林振义　中央党校（国家行政学院）科研部主任

2023 年 5 月 24 日《学习时报》

后　记

　　习近平总书记在党的二十大报告中郑重提出："从现在起，中国共产党的中心任务就是团结带领全国各族人民全面建成社会主义现代化强国、实现第二个百年奋斗目标，以中国式现代化全面推进中华民族伟大复兴。"这是党中央团结带领全国各族人民全面建成社会主义现代化强国的行动纲领，也是新时代新征程拼搏前进的总动员令。他在学习贯彻党的二十大精神研讨班上强调："中国式现代化，打破了'现代化＝西方化'的迷思，展现了现代化的另一幅图景，拓展了发展中国家走向现代化的路径选择，为人类

对更好社会制度的探索提供了中国方案。中国式现代化蕴含的独特世界观、价值观、历史观、文明观、民主观、生态观等及其伟大实践，是对世界现代化理论和实践的重大创新"。

为了深入学习贯彻习近平总书记关于中国式现代化的重要论述，《学习时报》围绕如何认识这"六观"，在头版和思想理论版集中策划刊发了系列解读文章，《中国式现代化的文化底蕴和精神特质》《中国式现代化蕴含的世界观》《中国式现代化蕴含的价值观》《中国式现代化蕴含的历史观》《中国式现代化蕴含的文明观》《中国式现代化蕴含的民主观》《中国式现代化蕴含的生态观》《中国式现代化是新时代党的理论创新的典范》，文章由中央党校（国家行政学院）、清华大学、中国社会科学院大学、中国政治学会等单位的专家学者执笔，紧紧围绕习近平总书记

后　记

关于中国式现代化的重要论述，结合中华优秀传统文化、中国历史条件、中国式现代化发展目标，对"六观"的历史溯源、科学内涵、成功实践等方面进行了解读，论证充分、文辞简约，在与西方现代化理论和实践的对比中，更加展现日新月异、生机勃勃的中国式现代化的独特优势，为读者深入理解中国式现代化的中国特色和丰富内涵提供了学习的教材。

学习时报编辑部

2023 年 10 月